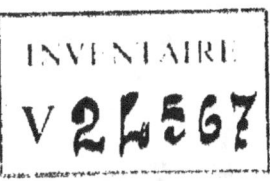 

V 2654
Ed. 51.
(a)

24567

CHOIX

DES

PRODUCTIONS DE L'ART.

SE TROUVE

Chez { P. Didot l'Aîné, rue du Pont-de-Lodi, n° 6;
Destouches, peintre-expert, rue et hôtel Christine, n° 6;
l'Auteur, rue du Fouarre, n° 19, près celle Gallande.

CHOIX

DES

PRODUCTIONS DE L'ART

LES PLUS REMARQUABLES

EXPOSÉES DANS LE SALON DE 1817;

PAR P. M. GAULT DE SAINT-GERMAIN,

ANCIEN PENSIONNAIRE DU FEU ROI DE POLOGNE.

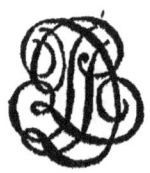

PARIS,

DE L'IMPRIMERIE DE P. DIDOT, L'AINÉ,
CHEVALIER DE L'ORDRE ROYAL DE SAINT MICHEL,
IMPRIMEUR DU ROI ET DE LA CHAMBRE DES PAIRS.
MDCCCXVII.

ÉPITRE

AUX AMIS DES ARTS.

En soumettant aux amis des arts mes opinions sur quelques tableaux de nos artistes vivants, exposés dans le salon de 1817, j'ose croire n'avoir point entrepris une tâche au-dessus de mes connoissances, ni être soupçonné de présomption par le public aussi équitable qu'indulgent, quand la bonne foi se présente à son tribunal pour l'éclairer et recueillir son jugement.

Il est cependant au-dessus de mes forces d'être exempt de fautes; à cet égard, loin d'en charger le général, je ne les attribue qu'à moi-même.

Ennemi juré de la satire, qui n'apprend qu'à mépriser quand on doit respecter, mes opinions sont le fruit d'un examen réfléchi et du zèle qui m'entraîne toujours vers les progrès du goût.

Si je m'écarte quelquefois de la modération nécessaire pour adoucir les traits de la critique, c'est que je ne saurois maîtriser l'intégrité de ma conscience en m'occupant de l'utilité générale. Mais comme il n'y a point de retranchement contre les traits de la calomnie et de l'amour propre offensé, je déclare donc que la pureté de mes intentions est justifiée d'avance dans les éloges que j'ai consacrés aux talents de quelques grands artistes dont je signale les ouvrages de l'exposition.

L'école françoise a fait d'immenses progrès. J'ai été un des premiers à les proclamer, et j'ai dit, et je répète que sa verve est sans élans parcequ'elle ne célèbre que des maîtres exclusifs.

Plaignons les émules de l'art aujourd'hui sans études morales, sans asile pour leur gloire, livrés au tribunal des juges incompétents, dégradés par les éloges ridicules de la flatterie, et à qui il ne reste d'autres ressources que le talent de porter atteinte au grand goût pour obtenir l'or de l'ignorance.

Laissons aux arts mécaniques la ressource des priviléges; l'art qui parle au cœur et à l'esprit n'a pas besoin de brevet : la palme enlacée au lis, voilà sa récompense, Louis XIV fonda une académie illimitée pour lui décerner avec pompe, la France eut de grands artistes, et tous coopérèrent à donner de l'éclat au règne d'un grand roi.

Soyons aussi généreux; signalons le mérite partout où il se montre; accordons un respect profond au génie supérieur, mais respectons encore davantage les institutions libérales qui multiplient son existence, et nous respecterons la gloire nationale.

CHOIX

DES

PRODUCTIONS DE L'ART

LES PLUS REMARQUABLES.

Le Salon, comme toutes les nouveautés, a son instant de chaleur et d'enthousiasme que l'inconstance particulière à notre nation feroit bientôt oublier, s'il n'étoit un sujet de distraction pour les oisifs, et de remplissage dans la société. Assez d'écrits le rappellent pour en prolonger le souvenir; ceux où la passion ne domine point, éclairent et aident le public à prononcer le jugement qu'il est seul en droit de porter, et c'est le plus grand nombre; tous s'accordent, au milieu de tant d'ouvrages couronnés des plus heureux succès, à prouver que les arts triomphent en France; que parmi nous, comme autrefois parmi les Grecs, le dessin fait une partie considérable de l'éducation, qu'il apprend à juger de tout ce qui est du ressort du goût; et qu'il se généralise dans toutes les classes, tantôt pour l'achèvement de l'industrie, tantôt pour notre admiration. Animé par des sentiments, j'ose dire orthodoxes, j'entre donc en lice avec tous nos juges du salon, afin d'augmenter les lumières qui rejaillisent de toute part pour l'utilité et la gloire de l'art; dissiper, s'il est possible, le nuage que répand l'esprit de parti; repousser ses efforts et même sa puissance, qui ne tendent qu'à semer la discorde, les haines, le découragement, convaincu cependant que son abri ne trompe jamais le juge impartial, et encore moins la postérité. N'écoutant donc que les arrêts de la raison, j'use aussi du droit d'appeler des sentences qu'il rend abusivement. Ainsi, sans égard pour l'âge, les années d'étude, le rang que nos artistes tiennent dans les bureaux de la renommée, je signale le mérite par-tout où je le trouve; les progrès de l'art exigent cette intégrité et l'exposition publique la commande.

J'ai déja eu l'occasion de faire observer que les tableaux d'histoire sont toujours les moins nombreux au salon, et que ceux qui remplissent rigoureusement les conditions qu'ils exigent sont les plus rares; le genre proprement dit, plus accessible par la série d'illusions que fournit amplement l'exacte et fidéle imitation de la nature est très multiplié, souvent très éclatant et quelquefois si merveilleux, qu'il surpasse sous nos yeux tout ce qui en existe de plus étonnant et de plus extraordinaire. Le paysage, de toutes les divisions de la peinture la plus universelle, se prête à toutes les affections, à tous les goûts, à tous les styles; aisément l'imagination se laisse entraîner à ses attraits, aussi abondent-ils dans nos expositions publiques.

M. Abel de Pujol, en sa qualité de peintre historien, plane dans une région si élevée qu'il se montre dans le salon de 1817 comme l'aigle de tous ses émules.

Saint Étienne prêchant l'évangile, N° 1 de la notice, est le premier exemple que fournit la nouvelle école, du degré d'élévation qu'il faut atteindre pour mériter le noble titre que les suffrages universels décernent à son auteur. On y admire la correction du dessin, l'art des draperies, l'expression, le caractère propre, la vérité essentielle, la fraîcheur du coloris, le goût et l'harmonie. Quant à la théologie de l'art, si souvent négligée dans les peintures ascétiques, M. Abel de Pujol, inspiré par les auteurs sacrés, nous représente le saint diacre, ferme, intrépide, dans l'extase d'une vision, au milieu d'une foule effrénée, unissant par son geste la terre au ciel, déclarant à haute voix la résurrection de Jésus-Christ et sa divinité, déclaration qui lui attire la haine des juifs incrédules, notamment des étrangers, originaires d'Egypte, de Cilicie, d'Asie, nouvellement établis à Jérusalem, ce que l'auteur n'a pas manqué d'observer en variant le costume, les manières, les airs de tête, et l'expression qui convient à chacune. Quand on peint les martyrs, il est de règle d'indiquer l'instrument de leur supplice; les plus furieux d'entre les juifs menacent, grincent des dents, ou s'arment de pierres; pensée sublime, et qui d'un seul trait rappelle le supplice de la lapidation chez les Hébreux, sans rendre témoin de son exécution meurtrière et sanglante. Je regrette l'espace qui me manque, pour donner plus de développement à cette pensée, qui sollicite toute notre admiration; qui avertit l'artiste chargé de retracer l'héroïsme des martyrs de la foi que la palme, que les effets de la grace, prix de leur vertu, sont préférables aux tortures que le crime invente pour souiller la terre du sang du juste et de l'innocent; qui dit aux ministres des autels que la pompe triomphale d'une religion sainte, auguste, sublime, doit être embellie de la vertu, toujours maîtresse d'elle-même au milieu des tyrans, des bourreaux, et non de l'appareil dégoûtant des gibets ou des supplices.

Ce chef-d'œuvre, écrit sur la toile avec cette éloquence du grand Bossuet, dont nos temples retentissent encore, et destiné, comme les images de l'orateur de la chaire, à signaler les grands traits de la religion autour de ses autels (1), sera aussi désormais une grande leçon pour les émules de l'art qui possèdent éminemment la science inappréciable du dessin, qui dirigent à leur gré tous les ressorts du technique et de l'illusion, mais qui manquent de chaleur, de verve et d'invention. Telle se présente à nos yeux cette grande toile toute blanche au premier aspect, intitulée *Didon*, N° 399, titre laconique, qui ne s'adresse qu'à ceux qui, la tête bien remplie de Virgile, jouissent encore des facultés propres à deviner les énigmes de la peinture. L'art de l'imitation partage avec la poésie la richesse des fictions, l'avantage des licences, ce qui justifie l'anachronisme du poëte et du peintre, car Enée vivoit trois cents ans avant Didon. Les grands intérêts qui ont si long-temps divisé Rome et Carthage, ont suggéré à Virgile l'épisode qui nous trace la veuve de Sichée, accueillant sur les fondements de sa nouvelle ville le fils d'Anchise, accompagné d'un reste de Troyens qui partageoient son infortune. Le peintre, voulant user des idées libérales que donne la poésie, n'a saisi de ce brillant épisode que la situation allégorique, c'est-à-dire Cupidon sous les traits d'Ascagne, insinuant dans le cœur de la reine la passion de l'amour pour son nouvel hôte.

Par-tout où l'on reconnoît l'influence de Vénus, on

_____

(1) Ce tableau a été commandé par le préfet de la Seine, pour l'église de Saint-Etienne-du-Mont.

s'attend toujours à trouver en action les passions douces, insinuantes, qui aboutissent au cœur; l'incarnat et la vie, répandus à grands flots et les graces victorieuses des sens; ce qui exige quelque chose de plus que du technique. Pour vaincre et séduire, il faut de la sensibilité; il faut une ame susceptible d'émotion et d'enthousiasme, il faut un riche coloris; et ici on ne retrouve ni l'ingénieuse subtilité de l'allégorie, ni les puissances de la chromatique qui en font supporter l'invraisemblance sur la toile. Ainsi, dédaignant l'éclat du festin au milieu duquel Enée, en présence de la reine de Carthage et des princes tyriens, raconte ses aventures et la chute déplorable de Troye, non seulement l'auteur rend son sujet méconnoissable, mais il fait choix d'une situation peu favorable à ses connoissances propres. En abrégeant une scène immense digne du vaste génie de Paul Veronèse, il a aussi dépassé les bornes des licences permises. Certes les plus précieux monuments de la bonne antiquité sont des témoins irrécusables de la haute civilisation, de la science des égards, dont se piquoient les peuples qui les ont produits, et des cours qui ne se piquent pas moins d'en être les modèles par excellence : il est donc contre toute espèce de convenance de faire prendre au prince troyen cet air d'aisance et d'abandon qui sied si mal devant une tête couronnée. C'est encore une faute grave que de donner à ce héros, alors dans son neuvième lustre environ, les traits efféminés de la nature adolescente. Ce n'est point ainsi que l'Eneïde nous peint le pieux troyen devant la reine de Carthage. Après tout, ce tableau de M. Guerin n'est pas sans mérite; du côté du technique, il en a beaucoup : le ciel peint l'espace d'une zone brûlante. Anne est charmante, le faux Ascagne aussi; avec un peu moins d'afféterie, il seroit encore mieux; l'anneau qu'il retire du doigt de la reine est l'énigme du sphinx. Il est triste d'être réduit à louer dans un sujet si noble et si grand la recherche minutieuse des accessoires, l'illusion des joyaux et des pompons, la richesse des draperies, de préférence au grand goût qu'elles devroient avoir. Il n'est pas non plus indiscret de reprocher un défaut de proportion à un artiste qui se pique de bien dessiner; c'est même faire l'éloge de ses connoissances que de dire qu'elles nous rendent difficiles. Pourquoi donc ne s'est-t-il pas aperçu que la jambe gauche de son héros est plus courte que la droite.

Le crime de la parricide Clytemnestre est annoncé avec le laconisme du précédent tableau, sous le N° 398. Toutefois il est si connu, qu'il n'avoit pas besoin d'une plus ample description.

Je suis instruit qu'il existe une peinture étrusque qui donne, à fort peu de chose près, le groupe d'Egisthe et de Clytemnestre (1). Pour motiver le projet sinistre qu'on croit entrevoir dans l'expression des deux figures étrusques, le texte dit (dès qu'on voit une femme armée d'une hache, on pense aussitôt à la barbare Clytemnestre) ce trait de lumière achève pour ainsi dire le tableau; l'imagination, exercée dans le genre dramatique, ne tarde pas à y voir l'infortuné roi d'Argos; et afin de n'être pas en défaut, le texte rétablit ce que nous apprend l'histoire sur cette funeste aventure, en ajoutant (c'est dans le bain et non pas dans un lit que Clytemnestre surprit son époux: elle n'avança pas à petit bruit,

―――――――――――――――

(1) Recueil de Vases étrusques, par Dubois de Maison-Neuve, vol. II, pag. 24.

mais elle s'introduisit par une ruse infernale, et saisit la hache qu'elle trouva sous sa main.) Voilà bien, il semble, la description du tableau de M. Guérin, avec les licences que rejette le commentateur du monument étrusque dans son incertitude sur l'emploi des figures qui s'y trouvent; licences cependant permises, car, lorsqu'il s'agit d'émouvoir, il faut tirer des situations dramatiques tout ce qu'elles offrent d'imposant et de terrible ; il faut s'emparer des passions fortes, audacieuses; des effets sombres, austères, farouches, et amener par l'art des contrastes toutes les expressions de la terreur, du trouble, de l'égarement et de la sécurité. En posant ces principes, j'ai presque fait l'éloge du tableau de M. Guérin; seulement l'exécution m'en paroît vicieuse et de mauvais goût, tant à l'égard du coloris, que des spéculations du clair-obscur, lesquelles rappellent trop ces jeux de la physique dont s'emparent les avortons de la science pour en faire un spectacle de tréteaux. Laissons à la magie noire, aux spectres de la fantasmagorie toute cette apparence de la réalité, illusoire, captieuse, dont s'amusent un instant les gens du monde, et qui n'effraient que les sots. Les effets que donne un pareil théâtre sont trop opposés au génie de l'histoire pour songer même à en faire usage.

Les applaudissements sans mesures faussent le jugement, ils enflent l'amour propre et arrêtent les progrès; sans doute il faut élever des monuments d'admiration au talent; mais plus il a d'influence, moins il faut être indulgent lorsqu'il brave l'opinion; en se jouant des principes, il apprend à ne plus respecter la véritable gloire. Ce tableau de M. Guérin, réduit à la petite proportion des tableaux de chevalet, ne laisseroit rien à desirer du côté de l'illusion qu'on attend de ces sortes d'ouvrages; mais, à la hauteur d'un monument de galerie il montre des succès que l'artiste historien doit dédaigner; admirable sous le pinceau des Gérard-Dow, des Schalken, puériles à côté du sceptre de Melpomène. Ne semble-t-il pas que l'auteur ait voulu travestir la famille des Atrides, en la plaçant dans le réduit d'une alcôve si bourgeoise; et la muse enjouée de Scarron manqueroit-t-elle de travestir en galoche cette paire de cothurne placée sous le lit du roi d'Argos? Enfin, pour dernier trait d'une critique nécessaire, je dirai que le groupe d'Egisthe et de Clytemnestre, découpé sur un rideau pourpré, dont la transparence s'accroît par la scintillation des rayons d'une lumière artificielle, me semble un groupe de sculpture peint au milieu d'un tableau de genre, et cette fausse illusion, puisqu'elle n'a point été voulue, est encore plus sensible par la nature et le goût des draperies lourdes, roides, et trop dans le système statuaire.

L'artiste trop vanté ne tarde pas à être trop blâmé; lui-même peut-être donne matière à cette différence d'avis, en s'écartant des études longues, pénibles, dont le souvenir se perd si facilement quand il ne songe plus qu'à plaire et à séduire; toutefois, si on ne reconnoît pas l'auteur de Marcus Sextus, de Phèdre, en présence de Didon, de Clytemnestre, on n'y distingue pas moins les qualités brillantes d'un grand peintre, l'imagination élevée, et l'ame forte du génie dramatique, que quelques sons indiscrets de la renommée ont publié trop tôt pour sa gloire, car, avec un goût pur, un dessin correct, des pensées nobles, ses plans sont timides, ses tableaux sont foibles. Les vertus et les crimes antiques sous son sage crayon, asservis à des convenances bizarres, à des systêmes pernicieux, enfin à cette espèce de coquetterie dans l'exécution, qui conduit à exposer sous l'œil même des tableaux gigantesques, annoncent une imagination réfroidie, nonchalamment perdus dans le sein de la flatterie, et qui prépareroient le sommeil des arts, s'il faisoit école.

Une remarque qui n'échappe point aux observateurs de la réforme qui s'est opérée dans la nouvelle école, c'est que la plupart de nos illustres du jour, en s'assujettissant d'abord un peu trop aux règles rigoureuses de la sculpture, sont tombés dans une aridité et une sécheresse désespérante, et qu'enfin retournant sur eux-mêmes toujours avec la ferme résolution de ne rien emprunter des vieilles méthodes, finissent par n'être qu'extraordinaires. Une telle période est plus dangereuse que la première, parcequ'elle tend à corrompre les éléments du grand goût, et à détruire les vérités souveraines qui le conservent et qui affectent également les hommes intelligents, sensibles et délicats.

Après M. Abel de Pujol, M. Couder tient le second rang dans cette exposition de 1817, et dans une attitude si glorieuse pour les progrès du goût, que peut être il y auroit de la justice à l'élever au rang de son rival. L'un et l'autre paroissent comme deux aigles qui balancent un vol audacieux, sans laisser à comprendre lequel atteindra plus vite la haute région qu'ils aperçoivent.

Le Lévite d'Ephraïm, N° 176, est un beau tableau, parcequ'il réfléchit la poétique de la bonne antiquité, le véritable caractère des mœurs dramatiques, le goût simple du vrai, dont le type, quand il rejaillit d'une ame forte et d'une imagination heureuse, frappe le cœur d'émotions, et lui arrache des larmes. Ce tableau est beau parce qu'il est éloquent, et que son éloquence s'embellit d'un choix exquis, d'expressions sublimes, de mouvements énergiques, de draperies magnifiques, non par la richesse, mais par la noble simplicité, la vérité et la justesse des plis. A toutes ces qualités qui frappent en grand, il faut y ajouter le coloris sombre, austère, mélancolique des fléaux que toutes les passions du cœur humain attirent sur la terre, et sur-tout le grand art des contrastes, dont M. Couder s'est servi avec un succès si heureux qu'il paroît comme neuf et original au milieu de notre école. Je passe sous silence les lieux communs qui acheveroient l'éloge de ce précieux monument, qui ouvre une nouvelle route aux émules de l'art et qui assure à son auteur une gloire durable, s'il est assez bien inspiré pour se maintenir à la hauteur où son génie le place.

Tant de talent soutenu dans la proportion du naturel annonce d'ailleurs une capacité qui ne doit point échapper ni à son éloge, ni à la description de son tableau, destiné à faire un jour l'ornement des galeries du grand goût, et à prendre sa place dans les catalogues, les notices de la curiosité avec une distinction remarquable.

L'opinion, cette reine du monde qui force la sagesse à ployer sous ses lois, lors même qu'elle s'écarte de la raison, place sur la même ligne *l'intérieur d'une salle à manger* (N° 254), par feu Drolling, non du côté du concept cependant; car ce tableau s'adresse d'abord aux yeux, et secondairement à l'esprit. C'est-à-dire que les prestiges de l'illusion y agissent avec tant d'empire que tout l'art en disparoît, et oblige l'esprit à faire des efforts sur lui-même pour ne pas être trompé.

Le Mierre a dit, *invente, tu vivras*. Si on interroge

le goût du siècle, et peut-être aussi celui de tous les temps, on peut ajouter à cette grande pensée, imite, et tu vivras encore. Car de tels tableaux, en faisant les délices des amateurs, sont aussi des modèles qui font le désespoir de tous ceux qui essaient d'en saisir l'artifice. Enfin le tableau sus mentionné est si extraordinaire qu'on peut dire, sans exagération, que son mérite surpasse éminemment ce que nous connoissons et ce que nous admirons dans la catégorie de la peinture où il se trouve placé.

Voilà sans doute un éloge qui justifie tout à-la-fois les applaudissements de l'enthousiasme et ma soumission aux lois de l'opinion générale.

De *la salle à manger* de l'auteur si l'on passe à sa *cuisine* (N° 253), même degré d'illusion, et toutefois de cette illusion, qui attire, qui étonne et flatte le vulgaire; car il ne faut pas trop applaudir l'étrange aveuglement de notre siècle, ni cet engouement pour les puérilités sorties du pinceau flamand, que nos amateurs du jour préfèrent aux savantes productions de l'Italie, de la France, de l'Espagne, qu'ils payent au poids de l'or, et que quelques uns de nos artistes rivalisent avec des succès inattendus.

Quand l'illusion règne, tous les esprits indistinctement parfument d'encens ses autels, mais les flatteuses erreurs de son empire méritent une condition plus relevée dans les siècles de lumière. L'or, voilà le prix des séduisants mensonges de l'imitation vulgaire, les couronnes ne doivent être décernées qu'au génie et à l'invention.

M. Mauzaisse, mû par le sentiment de la séduction, s'élève dans une région plus majestueuse. Guidé par la poétique de l'art, il trompe les sens en se proposant de parler à l'esprit. Son tableau intitulé *le Baptême et la Mort de Clorinde* est une des bonnes productions du salon de 1817. Mais, en prouvant que les traits qui rejaillissent du miroir de la vérité s'appliquent heureusement aux productions de la peinture d'espèces différentes, il se trompe néanmoins sur l'application qu'on en doit faire dans le style relevé.

C'est en vain, il me semble, qu'on essaye de justifier son intention fort indécise. La mort de Clorinde annoncée en même temps que son baptême étoit inutile, mais le baptême étoit d'obligation, parceque c'est toujours par l'action qu'il faut annoncer et peindre ses caractères. Le but de l'artiste est donc manqué quand on ne peut saisir sa pensée, ou qu'elle a besoin d'efforts pénibles pour en faire l'application, et sur-tout lorsqu'elle trace un sujet si connu qu'il n'est plus permis de l'ignorer. En effet, qui n'est pas familier aujourd'hui avec le poëme du Tasse, avec tous les tableaux de la Jérusalem délivrée, et notamment celui que le peintre a choisi, d'ailleurs traité avec tant de succès par d'illustres peintres?

Il ne suffit pas d'obtenir les suffrages publics, trop souvent l'ouvrage d'une tactique fort en usage depuis que nous avons des bureaux de renommée, il faut encore obtenir ceux de la saine critique qui fonde les réputations légitimes. Disons donc franchement que ce tableau n'est pas heureusement composé, parceque, je le répète, tout caractère n'est bien accueilli que quand il est utile à l'action, et qu'une action vertueuse montrée comme exemple doit avoir des trais marquants ; le besoin de séduire doit être subordonné au besoin d'éclairer, c'est ce que nos artistes entendent rarement; j'en explique la raison dans mon épître aux amis des arts.

Enfin, si l'on passe aux détails du tableau de M. Mauzaisse, on sent qu'il est né pour l'observation des phénomènes de la lumière, pour habilement faire triompher sur la toile les ressorts du clair-obscur, avec les tons délicats, vifs, animés, ardents, d'une riche palette; avec cette touche savante, spirituelle, qui embellit et achève de séduire et de vaincre. L'expression générale de son tableau porte le caractère chevaleresque qui convient au temps. La tête de Tancrède est fort belle, les ouvrages métalliques sont d'une perfection sans exemples, l'héroïne n'est pas sans reproche; sa pose renversée est de mauvais goût; l'affectation de roideur qu'on y remarque est d'autant plus vicieuse qu'elle semble avoir été projetée pour faire ressortir le mérite des armures qui la couvrent ou l'environnent. Sans doute il faut un peu de coquetterie en peinture, on ne sacrifie pas aisément ce qu'on sait le mieux, mais il faut beaucoup d'art pour en cacher les ruses.

Le tableau représentant *Charles VII et Agnès Sorel* paroît être le fruit d'un beau talent et d'une étude très réfléchie des mœurs du XV° siècle. De tels sujets ne s'expliquent pas du premier aspect, il faut de la réflexion, de la mémoire pour en saisir tout l'intérêt.

Charles avoit le cœur tendre, une ame foible. La crainte de perdre sa maîtresse et ses états ranime son courage; il rougit de son apathie, il jure d'être un grand roi; il le fut en effet, puisqu'il délivra la France de l'avilissement où l'avoit plongée le monstrueux traité d'Isabelle de Bavière avec l'Angleterre. Le royaume de France, rendu à nos rois légitimes par le dévouement et l'héroïsme de deux femmes illustres, Agnès Sorel et Jeanne d'Arc, à qui les François devroient élever des statues, est le premier sentiment qui doit entraîner devant l'excellent tableau de M Bitter. Agnès Sorel est aussi le premier mobile de ce sentiment; cette Agnès qui, selon la pensée de François Ier, méritoit plus de louange et d'honneur que *clause nonnain, ou que dévot ermite.*

En homme d'esprit, en bon peintre, l'auteur s'est tiré habilement d'une situation équivoque pour la peinture, et de l'expression principale, celle qui prépare l'action et aide la transition de deux passions très opposées, que tout l'art du monde ne sauroit fixer sur une même figure. C'est Agnès qui prépare l'action de Charles, et on démêle aisément dans ses traits les sentiments nobles qu'elle témoigna dans cette occasion si importante. Ainsi, la vérité unie au beau moral, au beau essentiel, au beau naturel, force et entraîne les applaudissements du public; et ces applaudissements redoublent devant un monument national, qui trace si artistement, si noblement, et d'une manière si achevée, le cœur de la beauté se donnant par amour de la patrie, et la sensibilité d'un monarque s'émouvoir aux cris de la nation et de la nature. Ce tableau mérite les couronnes de l'encouragement.

Sur la même ligne je placerois presque *la fondation des Enfants-Trouvés,* par mademoiselle Louise Mauduit (N° 561.)

C'est ici l'image d'un grand homme, de Vincent de Paul, cet homme divin qui, plus fort que la nature, parut dans son siècle comme le temple vivant de la charité, l'apôtre, le père, l'ami des malheureux.

Dans ce précieux tableau de mademoiselle Mauduit, le héros de l'humanité ne pousse point les portes de l'égoïste pour solliciter sa pitié en faveur de l'indigence, de la douleur, de la flétrissure; il frappe droit au cœur des grands, de la fortune; il s'empare des sources de la sensibilité, se rend maître de la compassion, et ouvre un asile à l'innocence délaissée, abandonnée. Quelle victoire! Quel triomphe! Et c'est la main d'une femme qui déroule à nos yeux ce tableau, avec le crayon d'un savant, le pinceau doux et flexible des graces, et la sensibilité de son sexe.

L'artiste a placé dans la scène, dont Vincent de Paul est le héros, le commandeur Brulard de Sillery, madame de Miramion, mademoiselle Legras, supérieure et fondatrice des dames de la charité, et mademoiselle de La Fayette. Tous se dépouillent de leurs bijoux, de leur argent. Mademoiselle de La Fayette détache son bracelet. Un sujet si solennel peut-il être rangé dans la classe des *anecdotes*? Il est vrai que les cœurs sourds à la reconnoissance préfèrent l'éclat des illustres crimes à la modeste et obscure bienfaisance; les uns remplissent les pages de l'histoire, l'autre ne figure que dans quelques lignes. C'est dans ce petit réduit, qui lui est réservé, qu'on trouve le trait touchant dont M. Hersent vient de s'emparer pour lui dresser un monument éternel.

Si les noms de Marc-Aurèle, de Titus, de Trajan, sont rappelés dans les annales du monde pour célébrer les perfections humaines sous la pourpre, que dira la postérité lorsqu'elle rencontrera, dans cette génération de rois qui honorent la monarchie françoise, *Louis XVI distribuant ses bienfaits aux pauvres, pendant le rigou-*

reux hiver de 1788 (N° 414) (1). A l'exemple de toutes les générations qui regardent les princes humains et généreux comme l'image de la divinité sur la terre, elle bénira la mémoire de Louis.

M. Hersent, en se proposant de nous tracer la vertu comme exemple, ne pouvoit pas choisir un sujet plus noble, plus touchant.

Si je ne m'étois pas interdit la fastidieuse répétition des expressions techniques, j'aurois beaucoup plus de moyens d'étendre l'éloge du peintre; ses expressions admirables, sa touche ferme, sentimentale, et l'heureuse disposition de la scène, le coloris, plus étonnant encore quand on songe aux difficultés d'associer la nature animée avec la terre refroidie, sans manquer aux régles de l'harmonie : tant de difficultés vaincues avec de si brillants succès méritent sans contredit les applaudissements de l'admiration.

Parmi les morceaux choisis de cette exposition, il faut placer *le dessin aquarelle* de M. Isabey (N° 444), intitulé : *l'Escalier du Muséum*. On ne peut rien de plus satisfaisant; le goût, la grace, la légèreté, la touche, le coloris, l'effet général et l'harmonie qui règne dans ce petit chef-d'œuvre, qu'on peut qualifier ainsi en toute sûreté de conscience, prouvent que l'auteur a en lui les qualités propres à soutenir une belle réputation. L'architecture ne perd rien de sa pureté sous les nuances nécessaires du vague, la perspective est régulière, et les figures sont admirables, correctes sans aridité, ajustées sans peine, remplies de vie et d'action.

---

(1) Tableau commandé pour la galerie de Diane.

Le Christ déposé de la Croix, par M. Guillemot (N° 49).

De toutes les peintures sacrées, il n'en est peut-être pas qui fournissent plus abondamment d'idées au génie inventif que ce sujet, et quoique répété des milliers de fois, il n'est pas encore épuisé. Outre la disposition des plans, l'arrangement des figures, les effets peuvent s'y multiplier à l'infini; Tintoret, Annibal Carrache, Schiavone, Jouvenet, Lesueur, Lebrun, Vandick, Bourdon, Michel-Ange, Rubens et tant d'autres de cette force, en ont laissé des exemples admirables; mais peut-être seront-ils encore surpassés.

Nos temples dépouillés par le fléau révolutionnaire ouvrent un champ très vaste à la nouvelle école, qui dédaigne trop le style ascétique, peut-être aussi parce qu'il exige une élévation d'ame que nos arts ont perdue, des principes et des règles que la religion méconnue fait mépriser. Que la décoration de nos temples se renouvelle : qu'on en ôte ce qui reste encore de tableaux dégoûtants, trop multipliés jusqu'à nous par l'ignorance du XIV° siècle. Que la théologie de l'art soit enseignée dans l'éducation des artistes, et bientôt la scène des peintures sacrées reprendra une attitude imposante; elle fournira des richesses ignorées, ou plutôt enfouies par les conventions bizarres de l'aveugle fanatisme.

Quelle décoration plus belle, plus touchante et plus pénétrante, que la peinture sur nos autels, autour de nos temples! de tout temps elle y a été consacrée par l'église et la piété des fidèles. Cet usage est prouvé par les actes du septième synode œcuménique. Tharaise, patriarche de Constantinople, dit (si l'ancien testament a eu son tabernacle, que deux séraphins couvroient de leurs ailes, nous avons aussi dans le nouveau les images de Jésus-Christ, de la Sainte Vierge et des Saints sur nos autels. Qu'on fouille les souterrains où se réfugioient les premiers chrétiens durant les persécutions, on y trouvera les débris de la peinture qui ornoient les autels. Enfin Rome moderne étale dans ses temples, avec une pompe digne de l'Éternel, tout le luxe du génie de l'homme, et les murailles de nos temples sont nues !....

A peine le crayon a-t-il parcouru le vestibule de l'histoire sacrée que des énergumènes voudroient faire croire que la religion est stérile en sujets. Mais en méprisant les grands traits de son ensemble, qui sans doute effrayent leur incapacité, ils ne sauroient comprimer ces élans sublimes qui dépouillent à nos yeux l'homme de tout ce qu'il a de terrestre, et le transportent dans le séjour incorruptible de la véritable félicité; ces élans qui ont si bien inspiré des jeunes artistes, et qui viennent apprendre à leurs maîtres, dans cette exposition, que le génie ne connoît point de limites.

C'est aux magistrats, plus éclairés de nos jours que les pairs de l'art en trop petit nombre, plus sensibles aux progrès du goût, et plus justes dans la répartition des travaux publics, que nous devons des chefs-d'œuvre inattendus, et le nom des artistes inconnus que la renommée s'empresse de publier. Cette grande révolution dictée par l'amour de la patrie, aiguillonnée par la gloire nationale, semble rendre la liberté aux arts, trop longtemps comprimés par une classe d'exclusifs accoutumés à regarder comme leur domaine les trésors de l'encouragement et les lauriers de la victoire.

Je reviens au tableau de M. Guillemot, qui est bon, sans être un chef-d'œuvre; mais qui entraîne, par l'empire des masses, l'expression générale : les deux plus grands mobiles de tous les arts d'imitation. Ce qui déjà est un énorme pas de fait pour se soutenir à côté du génie inventif. Reste à fixer dans l'exécution les détails du technique qui sont très satisfaisants dans ce tableau, et dirigés par le sentiment exquis du beau, dont l'auteur a reçu de fortes impressions, puisqu'il est carachesque, je dirai même pathétique, pieux, recueilli, comme l'excellente peinture espagnole dans le style ascétique (1).

Je n'aime pas Joseph d'Arimathie; il est sans expression, et le peu qu'il en montre ne décèle pas un homme de son rang. Et le Chactas d'Atala soutenant les restes mortels de la divinité, est une réminiscence de trop fraîche date. La réminiscence est très louable, elle est même nécessaire pour commencer une route aussi épineuse que celle de la gloire, toutefois elle est plus généralement approuvée, lorsque, environnée des suffrages de la postérité, elle s'applique heureusement au motif qui la sollicite, autrement elle n'annonce que la stérilité de l'imagination.

Après ce tableau je m'empresse de placer celui qui représente *la Résurrection de la Fille de Jaïre*, par M. Delorme (N° 221) (2), comme un exemple de plus à suivre lorsqu'on se propose l'érection d'un monument religieux, dont nos magistrats éclairés connoissent l'empire sur la morale publique. Ce tableau sans doute laisse beaucoup à desirer, sans cependant manquer d'en-

---

(1) C'est une justice à rendre à la nation espagnole, que d'avouer qu'elle a porté ce sentiment plus loin qu'aucune autre, et je me féliciterai toujours d'avoir été un des premiers à la célébrer en France. Voyez mon Guide des Amateurs, etc.

(2) Tableau commandé par le préfet de la Seine pour l'église de Saint-Roch.

semble, de vie et d'invention; aussi est-il rappelé ici comme le commencement d'une belle révolution dans le goût qui promet l'heureuse alliance des bons élémens de la nouvelle école avec le génie inventif des meilleurs temps de l'ancienne.

Le nom de Vernet survit à une grande mémoire, ses héritiers sont de grands peintres. M. Horace Vernet, petit-fils de Joseph, figure très honorablement dans cette exposition; on aime et on applaudit ses tableaux représentant *une Surprise d'avant-poste, une Bataille, une Halte, et la mort du prince Poniatowski*. Toutes les qualités qui rendent ses tableaux estimables se retrouvent avec encore plus d'éclat dans sa *Bataille de Toloza entre les Espagnols et les Maures* (N° 772) (1).

Fait mémorable, qui remonte à l'an 1212. L'armée chrétienne étoit commandée par les rois de Castille d'Aragon et de Navarre, et assistée par Rodrigue, archevêque de Tolède. Mahomet et Nazir commandoient les Maures. Sanche-le-Fort, roi de Navarre, étant parvenu à rompre les chaînes de fer qui barricadoient le retranchement des infidèles, força Mahomet à prendre la fuite, et remporta la victoire qui fut long-temps incertaine (2).

Tel est en abrégé le programme de ce tableau. L'auteur en a-t-il vaincu la difficulté? non, l'expression générale n'en donne qu'une idée confuse parceque l'ordonnance en est mal conçue; tout y est tellement em-

---

(1) Tableau commandé par le ministre de la maison du Roi.

(2) C'est en mémoire de ce glorieux exploit que Sanche fit ajouter aux armes de Navarre les chaînes d'or qu'on y voit sur le champ de gueules.

brouillé que l'œil s'égare par-tout où il veut apercevoir. Il est vrai qu'on ne sauroit exiger de l'ordre dans une mêlée, car celle qui décida le sort de la bataille fut terrible suivant les historiens. Mais de l'ordre des idées découle un ordre d'arrangement qui étend, prolonge et multiplie les actions qu'on ne peut trop faire sentir dans une affaire aussi mémorable, et l'action principale n'en est que plus claire, plus décisive pour le spectateur. Cette tache cependant n'obscurcit point le mérite des détails, mérite qu'on ne sauroit trop louer dans le tableau de M. Horace Vernet. Le dessin est pur sans sécheresse, les figures sont remplies d'expression, le costume est rigoureusement observé, le coloris est lumineux, les chevaux, dont l'auteur fait une étude particulière, et qu'il met si heureusement en pratique dans d'autres productions, offrent ici un développement en grand qui décèle la hardiesse, la sûreté d'un sentiment bien exercé, et un rare talent.

M. Demarne est un grand peintre de paysage, d'animaux, et de fabriques, dont la réputation, qui date de loin, n'a pas besoin d'éloge. Il a treize tableaux dans cette exposition, depuis le N° 224 jusqu'à 236 ; et quoiqu'on ne se lasse point de les regarder, il eût été plus sage de n'en pas tant exposer. On décerne des palmes au mérite, mais non à la fécondité, qui n'est qu'une qualité secondaire, et tout entière au profit de celui qui en est doué, lorsqu'elle n'offre rien d'extraordinaire à tout ce qu'on connoît du talent même le plus estimé.

L'exposition publique des ouvrages de l'art sous la protection du roi et dans son palais seroit méconnue si elle dégénéroit en un vain étalage de lucre. Son véritable but est le triomphe des arts, le triomphe de l'étude et du talent, et sous ce rapport elle doit être considérée comme une des institutions les plus utiles et les plus propres à exciter l'émulation des artistes et des amateurs. Aussi fait-elle éclore des talents nouveaux qui semblent promettre des prodiges à la postérité, et consacrer à jamais le génie de notre école.

M. Bouchot, dont on n'avoit pas encore entendu parler, justifie l'excellence de cette institution, il a exposé plusieurs tableaux dignes du maître des maîtres, je veux dire la nature; elle seule peut lui avoir inspiré l'art de la surprendre sur le fait, et son beau talent n'est certainement pas l'effet du hasard, car il le soutient dans cinq morceaux d'un égal mérite, à peu de chose près. Les préférables sont : 1° *Vue de la Porte Saint-Martin* (N° 97); 2° le *Jardin de Beaumarchais, effet de neige* (N° 98); 3° *L'intérieur d'une cour de Maison de Roulage dans la rue Saint-Denis* (N° 99). Ces deux dernières sont préférables à tous, et le dernier est plus étonnant encore.

Parmi les tableaux remarquables, il en est un digne, à beaucoup d'égards, de la foule qui l'entoure, de préférence à beaucoup d'autres qui ne lui cèdent point en mérite réel. C'est la *Vue du Monastère et des taureaux antiques de Guisando, sur les bords de l'Alberge, en Castille* (N° 3), par un anonyme. Comme le véritable talent ne peut jamais se dérober aux applaudissements, on nomme M. Le Jeune, déja connu fort honorablement dans les arts.

L'auteur a profité de cette situation pittoresque et instructive pour tracer, dans l'engagement d'une gorge, un choc épouvantable entre deux détachements des armées espagnole et françoise. Plus loin on aperçoit des taureaux antiques et colossaux, scuplités dans des blocs mêmes de rochers, monuments que l'on croit avoir appartenus au culte des Celtibériens, lorsqu'ils habitoient ces montagnes, à l'époque ou les Carthaginois occupoient une partie de l'Espagne.

Et l'intérêt de ce tableau redouble et devient même une autorité, quand on est instruit que c'est un militaire savant observateur, tout à-la-fois témoin et acteur de la catastrophe, qui écrit son histoire, celle de la nature et des hommes. Avec du génie, de l'invention, de la chaleur, et l'imagination frappée de tant d'objets à-la-fois, il étoit difficile de ne pas être abondant, riche; l'auteur l'est en effet, et avec un succès désespérant pour nos illustres, qui ne font plus que des abrégés sur des toiles immenses. Le coloris de ce tableau est séduisant, l'air circule par-tout; on pourroit peut-être reprocher à l'auteur de n'avoir pas fait assez de sacrifices aux règles de l'art dans la conduite du clair-obscur. Toutefois, en cédant au besoin de sa conscience, il a réparé ses torts, et son ouvrage restera comme un monument précieux que le temps rendra inappréciable.

Le cardinal de Richelieu présentant Le Poussin à Louis XIII (N° 6) est un monument national que j'ai voué à la postérité long-temps avant qu'on y pense (1). Ce titre seul suffit pour attirer les amis des arts, qui ce-

---

(1) Voyez la vie du Poussin, etc., in-4° Paris, Didot l'ainé, 1806.

Les historiens de ce grand peintre, n'ont pas été plus ménagés que sa mémoire dans une feuille publique. (Voyez le feuilleton du Journal des Débats, 29 avril 1817.) Comme il faut sacrifier tout ce qui peut être personnel à l'intérêt général, ne songeons qu'à combler la part de justice que la postérité se plaît à décerner au

pendant ne sont pas entièrement satisfaits, tant à l'égard de l'ensemble que de la manière dont les actions s'y trouvent disposées. Louis XIII, honorant le savant artiste du brevet de son premier peintre, est une pensée heureuse qui pouvoit être plus ingénieusement amenée. Le testament d'Eudamidas exposé derrière son auteur, est une espèce de pléonasme des peintres du XIV° siècle. Le Poussin, d'extraction noble, plus noble encore de son génie et de ses talents, n'offre ici qu'une expression commune. En supposant la présence du cardinal dans cette scène, le sujet n'en est que plus solennel, sans cependant être conforme aux monuments qui nous l'enseigne. En général, la gloire monumentaire n'est à l'abri du blâme que quand elle est excitée par une main habile ; si elle ne remplit pas l'esprit du puissant intérêt qu'elle sollicite, elle perd tout son prestige.

Convalescence de Bayard (N° 642), par M. Revoil. L'auteur de ce tableau semble être né pour être l'historien de la vie privée des François illustres. On peut dire qu'il s'applique à élever des monuments où l'on puisera un jour la manière d'employer habilement les costumes de la chevalerie, et des époques les plus remarquables de l'histoire de France. Sa fidélité, ses soins à tout prévoir, la finesse de son exécution lui assurent la reconnoissance de ses contemporains et des générations à venir. Son coloris, un peu cru, est peut-être nécessaire à ses

---

génie. Quelqu'un a dit : Les passions disparoissent, les grands caractères seuls restent long-temps. Nous ignorons les noms des factieux qui attaquoient à coups de pierre Caton dans la tribune, et l'admiration de la postérité ne se repose que sur l'image sacrée de ce grand homme.

projets, et la symétrie, qui ailleurs paroîtroit affectée, semble être en lui un besoin qui émane de l'exactitude qu'il se propose.

Le paysage n'est pas heureusement traité dans le salon de 1817, même par les plus exercés dans cette division de la peinture, si on en excepte ceux de M. le comte Turpin de Crissé, vraiment historiques, d'un fort bon style et très aériens. On en compte trois de cet auteur estimable. *Reste d'un Temple dorique, près de la mer* (N° 728). *Ruines de l'Abbaye de Croyland, dans le comté de Lincoln en Angleterre* (N° 729). *Cour intérieure du château de Wusflens, près du lac de Genève* (N° 730).

Fidéle à ma promesse de ne point échapper l'occasion de citer le talent par-tout où on le rencontre, dans cette exposition j'indique un tableau qu'on ne regarde pas, et qui promet au paysage de l'art les richesses qui doivent un jour l'élever au niveau de toutes nos connoissances actuelles dans les sciences naturelles; il représente la *Cascade de Tandon, dans les Vosges* (N° 309), par M. Dutac jeune. L'exécution de ce tableau ne s'explique pas avec l'assurance du savoir consommé, mais elle annonce un excellent observateur, un ami de la nature, à qui cette mère des beaux-arts ouvre ses trésors pour les rendre accessibles sur la toile à l'étude et à l'admiration.

C'est encore le même motif qui m'entraîne vers une tête d'étude, qu'on ne regarde guère plus que le précédent tableau, intitulée au livret (N° 248) : *Un vieux Soldat romain, prisonnier et réduit à la mendicité, avec son jeune Enfant endormi entre ses bras*, par M. Destouches, le fils. Etude qui rappelle le sentiment des grands maîtres; ses lumières bien étendues; cette conduite merveilleuse du clair-obscur, cette touche ferme, vigoureuse, ce sentiment de vérité, en un mot cette manière extraordinaire qui fit tant de partisans à Michel-Ange de Carravage. De telles études ne peuvent rester sans fruit; ainsi se préparent de grandes réputations pour l'exposition prochaine.

On remarque avec intérêt un très joli tableau de M. Senave, intitulé: *Vue extérieure d'un Magasin d'épiceries* (692). Cette charmante production est, sans contredit, une des meilleures de l'artiste, dont les curieux connoissent la fécondité. Il a eu le bon esprit de l'exposer seule, c'est une grande leçon pour ceux qui croient n'en jamais exposer assez.

M. Laurent, dans la catégorie du genre, s'élève aussi jusqu'aux traits saillants des fastes de la Monarchie. *Jeane-d'Arc se dévouant au salut de la France devant une statue de saint Michel* (n° 484) est une grande pensée assez développée dans l'histoire pour ne rappeler ici que l'intérêt qu'elle fait naître sous le pinceau brillant de l'artiste.

M. Laurent n'est pas moins heureux dans le choix du sujet indiqué n° 485, puisqu'il s'enchaîne aux événements d'un grand siècle et à la gloire de trois hommes illustres, Louis XIII, Richelieu et Callot, dont la destinée étoit de se rendre immortel avec un génie original. Cet homme extraordinaire fut appelé par le cardinal pour graver la Prise de Nancy: il étoit Lorrain; sujet d'un prince réveré, il répondit: *Je me couperai plutôt le pouce que de rien faire contre l'honneur de mon prince et de mon pays*. Un pareil trait reculé dans l'antiquité, auroit animé le marbre de Paros; réduit à l'ad-

mirer dans un cadre ressserré, il n'est pas moins glo
rieux pour l'honneur de l'esprit humain.

Avec un peu moins de sécheresse, je dirai même un
peu plus de cette physionnomie consacrée à de tels sujets, les tableaux de M. Laurent laisseroient fort peu
à desirer. Ils ont même quelque chose de particulier
dans l'exécution et l'emploi des couleurs dont on entrevoit le succès dans l'avenir. C'est-à-dire qu'ils promettent la projection émaillée que les tableaux flamands de
hautes valeurs ont pris en s'agatisant ; remarque essentielle qui concerne le soin et la recherche des artistes
consciencieux dont les anciennes écoles hollandaises,
flamandes, fournissent tant d'exemples.

M. Richard, dont la réputation est justement méritée,
se montre toujours aussi spirituelle et aussi habile à saisir les situations les plus touchantes du cœur humain.
Son tableau intitulé *la Duchesse de Montmorency*
(n° 650), captive autant par le mérite de l'illusion que
par la grandeur du sujet. De tels monuments n'ont pas
besoin d'une longue description parcequ'ils ne s'adressent qu'aux gens d'esprit qui savent en apprécier la morale. En effet, eh! quel homme instruit peut ignorer que
dans ce tombeau, rempli d'expression, sont renfermées
les cendres du maréchal de Montmorency décapité à
Toulouse en 1632? Qui ne devine pas sous les traits de
cette femme en deuil, Marie-Félicité des Ursins, dévouant à la mémoire de son époux des larmes éternelles?
Qui ne saisit pas l'empressement de ce page à troubler
la douleur de l'illustre veuve? Et qui enfin n'est pas
frappé devant ce funèbre fragment de la politique, du
degré de puissance où étoit monté le ministre roi par
la foiblesse du monarque qui lui abandonna son sceptre?

Ce tableau restera à la postérité. Le tombeau est exact, je l'ai visité en passant à Moulins, et j'ai vu avec regret qu'il a été atteint par la hache révolutionnaire. Le page est admirable et rempli d'expression. On peut reprocher à l'artiste un peu trop de mollesse dans l'exécution, et pas assez de conduite dans la spéculation du clair-obscur, ce qui affoiblit l'effet général quoique fort harmonieux.

Les portraits, comme dans toutes les expositions publiques, occupent une place assez considérable; peu attirent l'attention des connoisseurs. Il en est cependant de très remarquables : tels sont les portraits de nos princes. Soit qu'on les considère dans l'isolement, ou environnés des fastes de la politique, ils ne réunissent pas les suffrages du grand goût. Ici le voile du silence dérobe aux yeux l'analyse qui ne serviroit qu'à porter atteinte au respect qu'on doit aux images sacrées. Ainsi en leur laissant l'illusion d'un mérite réel; c'est ajouter encore au respect qu'on leur doit.

Le portrait en pied de S. A. R. le duc d'Orléans, par M. Gérard (N° 374) s'annonce par une exécution brillante qui décèle son auteur. On y desireroit cependant plus de régularité dans le dessin, et des plans mieux sentis.

M. Guérin Paulin, auteur d'un tableau qu'on n'oubliera jamais (Caïn après le meurtre d'Abel), en a exposé plusieurs, parmi lesquels on remarque celui de M. le comte de *** (N° 406).

M. Vangorp ne montre pas moins d'habileté à saisir l'air de vérité qui convient au portrait; celui de M. le vicomte d'Allemand, lieutenant des armées du roi (N° 750), est très bon.

On s'arrête un instant devant un portrait d'homme, par M. Lafond (N° 464).

MM. Augustin, Saint, soutiennent honorablement leurs talents dans la division du portrait, division qui prend chaque jour plus d'essor sur la toile comme sur le marbre, depuis qu'enfin il est reçu dans nos mœurs d'ériger des monuments publiques au génie, au talent et au courage.

S'il est impossible, dans un ouvrage de cette nature, de rendre justice sans réveiller quelques passions, doit-on laisser dans l'oubli des réputations bien méritées, sur le refus d'un jury qui place dans l'exposition publique des productions d'une foiblesse extrême?

M. Gadbois, jugé inadmissible dans cette exposition, est réduit à exposer ses ouvrages dans son domicile (rue des Fossés-M.-le-Prince, n° 10). Le public est à même de juger et d'apprécier les tableaux d'un artiste qui jouit d'une ancienne réputation parmi les amateurs et les savants, car c'est une justice de dire que les gouaches de cet artiste et de quelques autres de sa force dans la perspective linéaire et aérienne ont singulièrement avancé les progrès de l'optique.

Cette même bizarrerie dont on ne devine pas la cause prive également l'exposition publique de quelques travaux d'un amateur (M. le b. D.), fort distingué par son penchant à manier le pinceau, et par les sacrifices qu'il fait de sa fortune, tant pour ses propres jouissances que pour l'encouragement des émules de l'art.

Mes fréquentes visites au salon m'ayant souvent entraîné dans la galerie du Muséum, où se trouvent réunis toutes nos anciennes richesses de la peinture, je n'y ai pas vu sans de vifs regrets des chefs-d'œuvre engloutis sous des restaurations barbares. Ce motif et plusieurs autres m'ont suggéré des observations propres à éclairer le ministère sur la collection de France en général, et notamment sur sa conservation, que j'espère publier incessamment.

Mon travail sur la sculpture qui fait partie de l'exposition publique est très avancé, et sans les circonstances pressantes qu'il faut toujours saisir pour se mettre à couvert des frais d'impression, j'y aurois mis la dernière main, et mon ouvrage sur le salon seroit complet. La difficulté est à présent de publier cet examen isolément, ce que je ne puis hasarder sans courir des risques, car en fait de sculpture, les opinions qui partagent les savants, sur un art si difficile à juger, intéressent fort peu le public. Toutes ces considérations m'ont déterminé à joindre cet examen aux observations que je me propose de publier sur le Muséum, et de suivre strictement le même format et les mêmes caractères d'impression, afin de réunir le tout en un volume.

FIN.

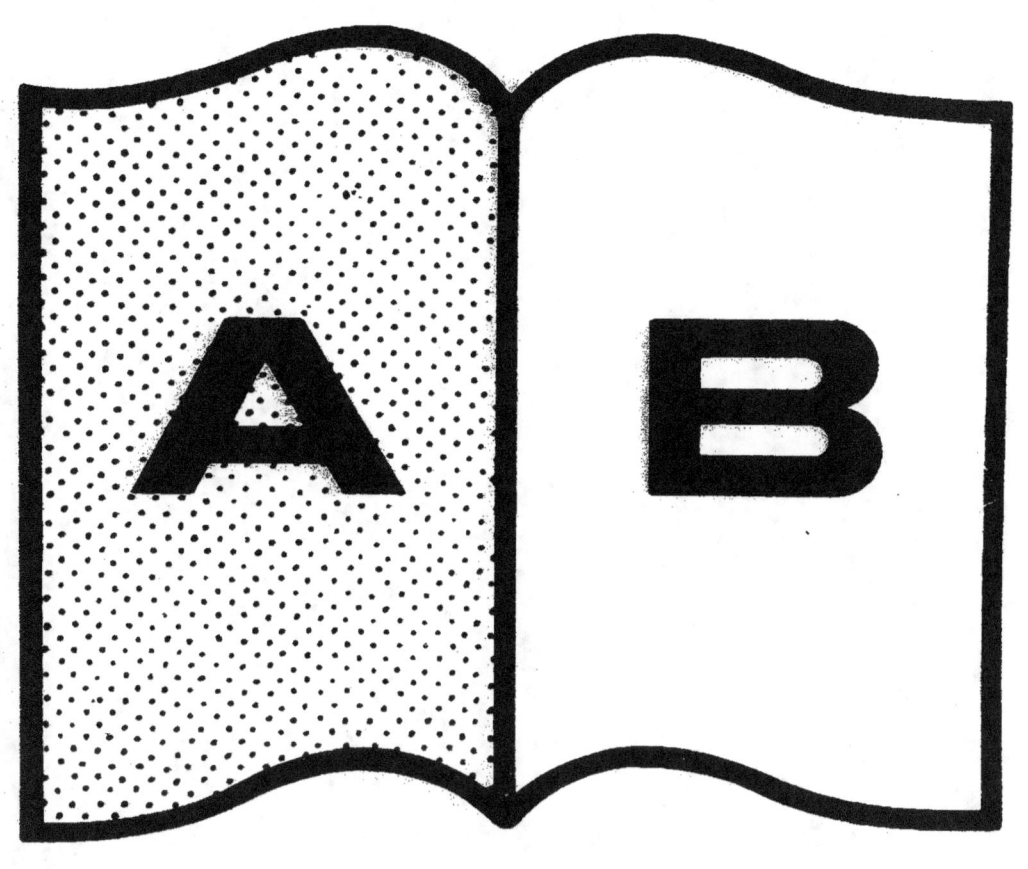

Contraste insuffisant

NF Z 43-120-14

www.ingramcontent.com/pod-product-compliance
Lightning Source LLC
Chambersburg PA
CBHW030100230526
45471CB00003B/1175